Vol. 1842

Wolfgang Amadeus Mozart

Eine Kleine Nachtmusik

Piano, Four Hands

[Köchel 525]

G. SCHIRMER, Inc.

DISTRIBUTED BY

7777 W. BLUEMOUND RD. P.O. BOX 13819 MILWAUKEE, WI 53213

Eine kleine Nachtmusik

Wolfgang Amadeus Mozart (K.525)

Allegro

Secondo

Eine kleine Nachtmusik

Wolfgang Amadeus Mozart (K.525)

Romanze.
Andante.

Romanze.
Andante.

(sopra)

14

Rondo.
Allegro.

Coda.